Impressum
Verlag: BABADADA GmbH, Nedderfeld 112 , 22529 Hamburg
Geschäftsführer / Verlagsleitung: Harald Hof
Druck: Books on Demand GmbH, In de Tarpen 42, 22848 Norderstedt

Imprint
Publisher: BABADADA GmbH, Nedderfeld 112 , 22529 Hamburg, Germany
Managing Director / Publishing direction: Harald Hof
Print: Books on Demand GmbH, In de Tarpen 42, 22848 Norderstedt

បន្ទប់រៀន
salle de classe

ចកែ
diviser

186/2

ទីធ្លាសាលារៀន
cour (de récréation)

ក្ដារខៀន
tableau noir

គ្រូបង្រៀន
professeur

ក្រដាស
papier

សរសេរ
écrire

បិក
stylo

តុការិយាល័យ
bureau

បន្ទាត់
règle

សៀវភៅ
livre

កូនសិស្ស
élève

សម្ពៃរៀតសូបកៃ

cartable

បុរអប់ដាក់ខ្មៅដៃ

trousse

ខ្មៅដៃ

crayon

បុរដាប់ខ្លួងខ្មៅដៃ

taille-crayon

ជ័រលុប

gomme

ផ្ទៃទាំងគំនូរ

carnet à dessin

គំនូរ

dessin

ជក់គូរ

pinceau

ប្រអប់ថ្នាំលាប

boîte de peinture

កន្ត្រៃ

ciseaux

ការបិទ

colle

សៀវភៅៗលំហាត់

cahier d'exercices

កិច្ចការផ្ទះ

devoirs

លខេ

chiffre

ឫក

additionner

ដក

soustraire

គុណ

multiplier

គណនា

calculer

លិខិត

lettre

អក្ខរក្រម

alphabet

ពាក្យ

mot

អត្ថបទ

texte

អាន

lire

ដីស

craie

មេរៀន

leçon

ចុះឈ្មោះ

livre de classe

ការប្រលង

examen

វិញ្ញាបនបត្រ

certificat

ឯកសណ្ឋានសាលា

uniforme scolaire

ការអប់រំ

formation

សព្វវចនាធិប្បាយ

lexique

សាកលវិទ្យាល័យ

université

មីក្រូទស្សន៍

microscope

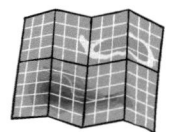

ផែនទី

carte

កន្ត្រកដាក់សំរាមក្រដាស

corbeille à papier

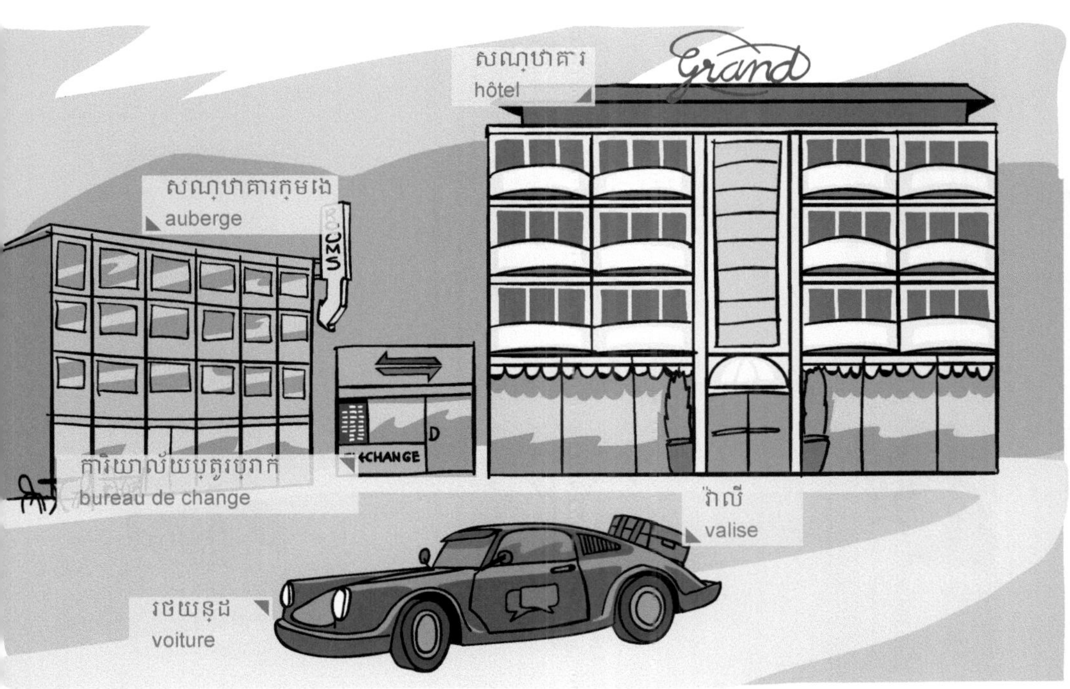
សណ្ឋាគារ
hôtel
Grand
សណ្ឋាគារក្មេង
auberge
ROOMS
ការិយាល័យប្តូរប្រាក់
bureau de change
វ៉ាលី
valise
រថយន្ត
voiture

ភាសា

langue

បាទ / ទេ

oui / non

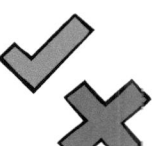

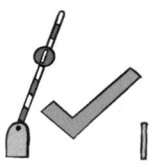

យល់ព្រម

d'accord

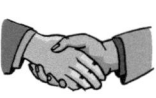

សាយ័ន្តសួស្តី!

Salut

អ្នកបកប្រែ

interprète

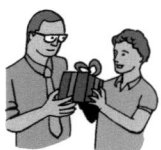

សូមអរគុណ

merci

ចូលប៉ុន្មាន... ?

Combien coûte...?

ខ្ញុំមិនយល់

Je ne comprends pas

បញ្ហា

problème

ទិវាសួស្តី!

Bonsoir !

អរុណសួស្តី

Bonjour !

រាត្រីសួស្ដី!

Bonne nuit !

លាហាវើយ

Au revoir

ទិសដៅ

direction

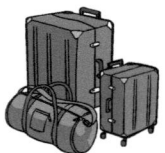

អីវ៉ាន់

bagages

កាបូប

sac

កាបូបស្ពាយក្រោយ

sac-à-dos

ភ្ញៀវ

hôte

បន្ទប់

pièce

ថង់ដេក

sac de couchage

តង់

tente

ការធ្វើដំណើរ - voyage

ព័ត៌មានទេសចរណ៍

office de tourisme

ឆ្នេរ

plage

កាតឥណទាន

carte de crédit

អាហារពេលព្រឹក

petit-déjeuner

អាហារថ្ងៃត្រង់

déjeuner

អាហារពេលល្ងាច

dîner

សំបុត្រ

billet

ជណ្តើរយន្ត

ascenseur

តុប

timbre

ព្រំដែន

frontière

គយ

douane

ស្ថានទូត

ambassade

ទិដ្ឋាការ

visa

លិខិតឆ្លងដែន

passeport

ការដឹកជញ្ជូន

transport

យន្តហោះ
avion

កប៉ាល់
navire

ម៉ាស៊ីនភ្លើង
véhicule de pompiers

រថយន្តដឹកទំនិញ
camion

រថយន្តក្រុង
bus

កាណូត
bateau à moteur

រថយន្ត
voiture

ជិះកង់
bicyclette

សាឡាង
ferry

ទូក
barque

ម៉ូតូ
moto

រថយន្តប៉ូលិស
voiture de police

រថយន្តប្រណាំង
voiture de course

រថយន្តជួល
voiture de location

ការចែករំលែករថយន្ត
auto-partage

ឡានសុទូច
voiture de remorquage

ឡានបុរមូលសំរាម
benne à ordures

ម៉ូទ័រ
moteur

បុរេងឥន្ធនៈ
essence

ស្ថានីយបុរេង
station d'essence

សុលាកសញ្ញាចរាចរណ៍
panneau indicateur

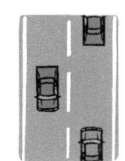

ការធ្វេរឿបៀចចរណ៍
trafic

កកស្ទះចរាចរណ៍
embouteillage

ចំណត
parking

ស្ថានីយរថភ្លើង
gare

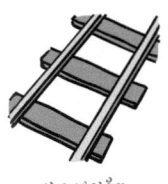

ផ្លូវដែកែ
rails

រថភ្លើង
train

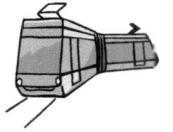

រថអគ្គីសនី
tramway

ទូរថភ្លើង
wagon

ឧទ្ធម្ភាគចក្រ

hélicoptère

ពុរលានយន្តហោះ

aéroport

ប៉ម

tour

អ្នកដំណើរជើរ

passager

កុងតឺន័រ

conteneur

ករដាសកាតុង

carton

រទេះ

chariot

កញ្ចប់

corbeille

ហោះឡ្បើង / ចុះ

décoller / atterrir

ទីក្រុង

ville

ភូមិ

village

កណ្តាលទីក្រុង

centre-ville

ផ្ទះ

maison

រោងកុនភាពយន្ត
cinéma

ការផ្សព្វផ្សាយ
publicité

ចង្កៀងតាមដងផ្លូវ
réverbère

ផ្លូវ
rue

តាក់ស៊ី
taxi

ហាងអាហារសម្រន់
kiosque

អ្នកថ្មើរជើង
piéton

ចិញ្ចើមផ្លូវ
trottoir

គំនូសសត្វលងកាត់
passage piéton

ធុង
poubelle

ផ្លូវបំបែក
carrefour

គុលេីងសញ្ញាចរាចរណ៍
feux de circulation

ខ្ទម
cabane

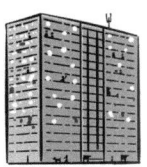

ផ្ទះលរវែង
appartement

ស្ថានីយរថភ្លើង
gare

សាលាក្រុង
mairie

សារមន្ទីរ
musée

សាលារៀន
école

សាកលវិទ្យាល័យ

université

ធនាគារ

banque

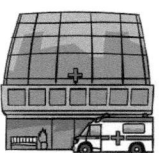

មន្ទីរពេទ្យ

hôpital

សណ្ឋាគារ

hôtel

ឱសថស្ថាន

pharmacie

ការិយាល័យ

bureau

ហាងលក់សៀវភៅ

librairie

ហាង

magasin

ហាងផ្កា

fleuriste

ផ្សារទំនើប

supermarché

ទីផ្សារ

marché

ហាងទំនិញ

grand magasin

ហាងលក់ត្រី

poissonnerie

មជ្ឈមណ្ឌលផ្សារទំនើប

centre commercial

កំពង់ផែ

port

ឧទ្យាន

parc

បង់

banque

ស្ពាន

pont

ជណ្ដើរ

escaliers

ផ្លូវក្រោមដី

métro

ផ្លូវរូងក្រោមដី

tunnel

ចំណតរថយន្តក្រុង

arrêt de bus

ហារ

bar

ភោជនីយដ្ឋាន

restaurant

ប្រអប់សំបុត្រ

boîte à lettres

សញ្ញាតាមដងផ្លូវ

panneau indicateur

ឧបករណ៍បូម្មៅលចូលចំណត

parcmètre

សួនសត្វ

zoo

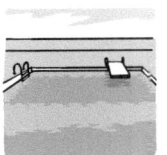

អាងហាលែទឹក

piscine

វិហារអ៊ីសុលាម

mosquée

កសិដុ្ឋហាន

ferme

ការបំពុល

pollution

វាលកប់ខ្មោច

cimetière

ពុរេវិហារ

église

គ្រឿងវិលអេីលកុមរេងលេង

aire de jeux

បុរសាទ

temple

ទេសភាព

paysage

![paysage illustration]

- សុលឹក — feuille
- សញ្ញាបុរាប់ទិសដៅ — panneau indicateur
- ផ្លូវ — chemin
- វាលស្មៅ — pré
- ដុំថ្ម — pierre
- អ្នកឡ្បេងភ្នំ — randonneur
- ទន្លេ — rivière
- ដេវ៉ីមឈេ — arbre
- ស្មៅ — herbe
- ផ្កា — fleur

ជ្រលងភ្នំ

vallée

កូនភ្នំ

montagne

បឹង

lac

ព្រៃឈើ

forêt

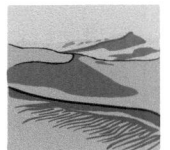

វាលខ្សាច់

désert

ភ្នំភ្លើង

volcan

គេហាគួរបី

château

ផ្នូចន្ទ

arc-en-ciel

ផ្សិត

champignon

ដើមត្នោត

palmier

មូស

moustique

រុយ

mouche

ស្រមោច

fourmis

សត្វឃ្មុំ

abeille

ពីងពាង

araignée

សត្វកញ្ចចរៃ

coléoptère

កង្កែបបៃ

grenouille

កំប្រុក

écureuil

សត្វកាំបុរមា

hérisson

ទន្សាយសុលីក

lièvre

សត្វទីទុយ

chouette

បក្សី

oiseau

ហង្ស

cygne

ជ្រូក

sanglier

សត្វក្តាន់

cerf

សត្វក្ដាន់

élan

ទំនប់

barrage

កង្ហារខ្យល់

éolienne

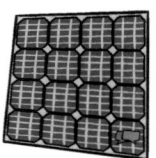

បន្ទះសូឡា

panneau solaire

អាកាសធាតុ

climat

អ្នករត់តុ
serveur

ម៉ឺនុយ
menu

កៅអី
chaise

ស៊ុប
soupe

ភីហ្សា
pizza

កំបិត
couverts

កម្រាលតុ
nappe

អាហារសម្រន់
hors d'œuvre

អាហារសំខាន់
plat principal

បង្អែម
dessert

ភេសជ្ជៈ
boissons

អាហារ
alimentation

ដប
bouteille

អាហារហ្វាស

fast-food

អាហារគាមផ្លូវ

plats à emporter

ប៉ាន់តវ៉

théière

បុរអប់ស្ករ

sucrier

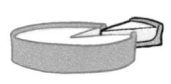

ចំណកៃ

portion

ម៉ាស៊ីនតុងកាហ្វអឹចស្ពុរ
ស្ល

machine à expresso

កៅអីខ្ពស់

chaise haute

វិក្កយបត្រ

facture

ថាស

plateau

កាំបិត

couteau

សម

fourchette

ស្លាបព្រា

cuillère

ស្លាបព្រាកាហ្វ

cuillère à thé

កន្សងៃដៃជូតខ្លួន

serviette

កវ៉

verre

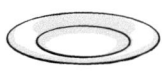

ចានទាប

assiette

ចានស៊ុប

assiette à soupe

ចានទូរនាប់

soucoupe

ទឹកជ្រលក់

sauce

ដបអំបិល

salière

បុរដាប់កិនម្រេច

moulin à poivre

ទឹកខ្មេះ

vinaigre

បុរង

huile

គ្រឿងទេស

épices

ទឹកប់ដេប់ពោះ

ketchup

ម៉្ូតាក

moutarde

ទឹកមយ៉ូណារ

mayonnaise

ផ្សារទំនើប

supermarché

ការផ្តល់ជូនពិសេស
offre promotionnelle
FOR
អតិថិជន
client
ទឹកដោះគោ
produits laitiers
ផ្លែឈើ
fruits
រទេះរុញ
chariot

BUTCHERS

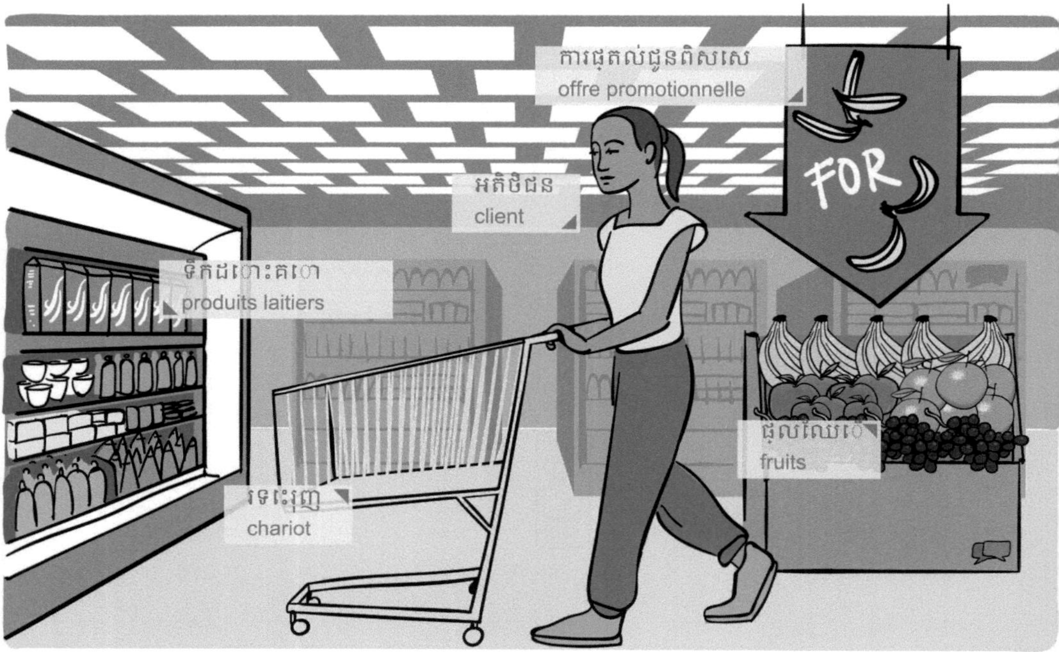

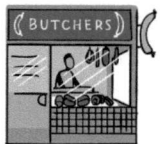

ហាងកាប់ជ្រូក

boucherie

BAKERY

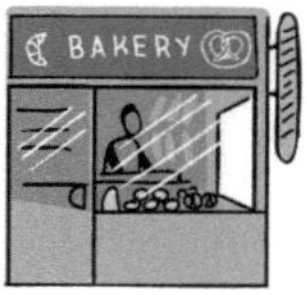

ហាងដុតនំ

boulangerie

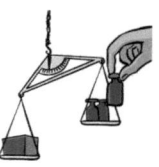

ថ្លឹង

peser

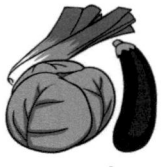

បន្លែ

légumes

សាច់

viande

អាហារក្លាស្សេ

aliments surgelés

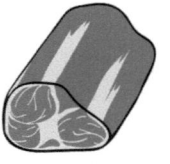

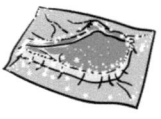

សាច់កុលាសរ

charcuterie

អាហារកំប៉ុង

conserves

មុសទៅលាង

poudre à lessive

សុអរគុរាប់

bonbons

ផលិតផលក្នុងគ្រួសារ

articles ménagers

ផលិតផលសម្អាត

détergents

អ្នកលក់

vendeuse

ថតដាក់លុយ

caisse

បង្កា

caissier

បញ្ជីទិញទំនិញ

liste d'achats

ម៉ោងធ្វើការ

heures d'ouverture

កាប៊ូបលុយបុរស

portefeuille

កាតឥណទាន

carte de crédit

ថង់

sac

ថង់បុលាស្ទិច

sac en plastique

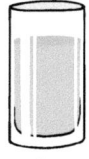

ទឹក

eau

ទឹកផ្លែឈើ

jus de fruit

ទឹកដោះគោ

lait

កូកាកូឡា

coca

ស្រា

vin

ស្រាបៀរ

bière

គ្រឿងស្រវឹង

alcool

កាកាវ

chocolat chaud

តែ

thé

កាហ្វេ

café

កាហ្វេអ៊ិចស្ព្រេសូ

expresso

កាហ្វេកាពូឈីណូ

cappuccino

ចកេ

banane

ផ្លែប៉ោម

pomme

ផ្លែក្រូច

orange

ឪឡឹក

melon

ក្រូចឆ្មា

citron

ការ៉ុត

carotte

ខ្ទឹម

ail

ឫស្សី

bambou

ខ្ទឹមហាវ៉ាំង

oignon

ផ្សិត

champignon

គ្រាប់ផ្លែឈើ

noisettes

មី

pâtes

មីអ៊ីតាលី

spaghetti

ហាយ

riz

សាឡាត់

salade

ដំឡូងចៀន

pommes frites

ដំឡូងចៀន

pommes de terre rôties

ភីហ្សា

pizza

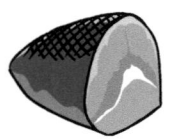

ប៊ឺហ្គឺ

hamburger

សាំងវិច

sandwich

សាច់ជាប់ឆ្អឹងជំនី

escalope

ហាំ

jambon

សាឡាមី

salami

សាច់ក្រក

saucisse

សាច់មាន់

poulet

អាំង

rôti

ត្រី

poisson

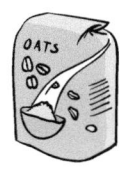

អាវ៉ែនបបរ

flocons d'avoine

មុឃ្ញីសុលី

muesli

ជំឡុងចំណិត

cornflakes

មុសវៅ

farine

នំគ្រូសង់

croissant

នំបុ័ងមុយ៉ាងមួលតូចៗ

petits-pains

នំបុ័ង

pain

អាំង

pain grillé

នំបីសុគី

biscuits

បឺរ

beurre

ទឹកដោះខាប់

le fromage blanc

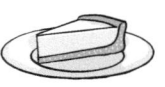

នំខេក

gâteau

ស៊ុត

œuf

ស៊ុតចៀន

œuf au plat

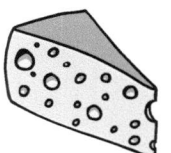

ឈីស

fromage

ការ៉េម

glace

ស្ករ

sucre

ទឹកឃ្មុំ

miel

ដំណាប់

confiture

ក្រែមតាំងម៉ូវ៉ែ

crème nougat

ការ៉ី

curry

ផ្ទះទុកក្នុងកសិដ្ឋាន
ferme

ខ្សែចែងចម្បើបឡើង
botte de paille

ជង្រុក
grange

វាលស្រែ
champ

សេះ
cheval

រេសណ្ដជ
ពោង
remorque

កូនសពោ
poulain

តុក្រក់ទ័រ
tracteur

សត្វលា
âne

កូនចៀម
agneau

សត្វចៀម
mouton

ពពែ
chèvre

គោញី
vache

កូនគោ
veau

ជ្រូក
porc

កូនជ្រូក
porcelet

គោឈ្មោលមពោល
taureau

សត្វក្ងាន
oie

ទា
canard

កូនមាន់
poussin

មមោន់
poule

មាន់ឈ្មោល
coq

កណ្តុរ
rat

ឆ្មា
chat

កណ្តុរប្ររមៈ
souris

គោឈ្មោល
bœuf

ឆ្កែ
chien

ផ្ទះឆ្កែ
chenil

ទុយោទឹក
tuyau de jardin

ធុងស្រោចទឹក
arrosoir

ខូរវៃបក
faucheuse

នង្គ័ល
charrue

កណ្ដៀវ
faucille

ចបកាប់
pioche

រនាស់
fourche

ពូថៅ
hache

រទេះរុញ
brouette

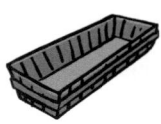

សុន្ទក
cuve

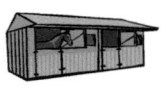

កំប៉ុងទឹកដោះគោ
pot à lait

ហារ
sac

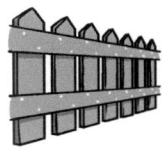

របង
clôture

គុរពោល
étable

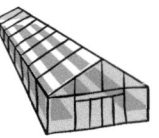

ផ្ទះកញ្ចក់
serre

ដី
sol

គ្រាប់ពូជ
semences

ជី
engrais

ម៉ាស៊ីនបរមួលផល
moissonneuse-batteuse

ប្រមូលផល

récolter

ការប្រមូលផល

récolte

ដំឡូងជួរ

igname

ស្រូវសាលី

blé

សណ្ដែកសៀង

soja

ដំឡូងជួរ

pomme de terre

ពោត

maïs

គ្រាប់ប្ររង៉ូរ៉ែប

colza

ដើមឈើហូបផ្លែ

arbre fruitier

ដំឡូងមី

manioc

ធញ្ញជាតិ

céréales

maison

បំពង់ផ្សែង
cheminée

ដំបូល
toit

ទុយបង់ហូរទឹក
gouttière

បង្អួច
fenêtre

ហ្គារ៉ាស
garage

កណ្ដឹងទ្វារ
sonnette

ទ្វារ
porte

ធុងសំរាម
poubelle

ប្រអប់សំបុត្រ
boîte aux lettres

សួនច្បារ
jardin

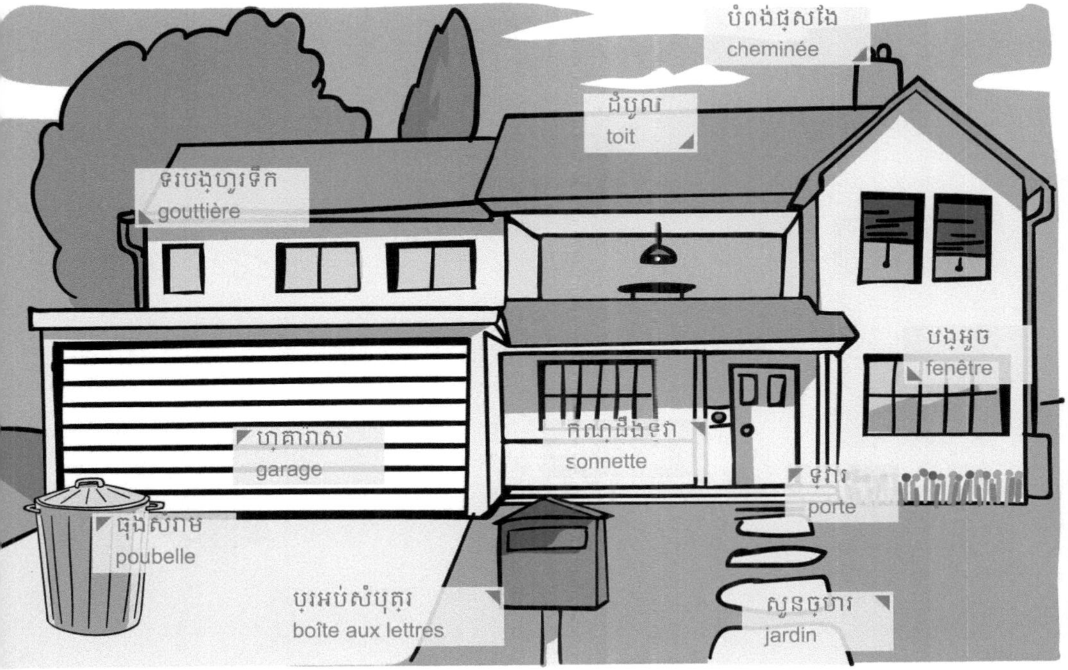

បន្ទប់ទទួលភ្ញៀវ

salon

បន្ទប់ទឹក

salle de bain

ផ្ទះបាយ

cuisine

បន្ទប់គេង

chambre à coucher

បន្ទប់របស់កុមារ

chambre d'enfant

បន្ទប់ទទួលទានអាហារ

salle à manger

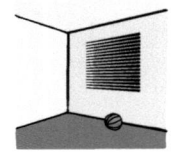

ជាន់
sol

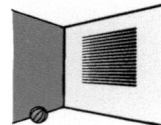

ជញ្ជាំង
mur

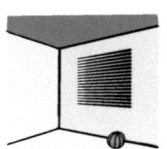

ពិដាន
plafond

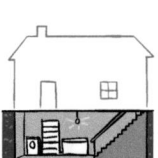

បន្ទប់ក្រោមដី
cave

សួណា
sauna

យ៉័រ
balcon

ផ្ទៃវាលស្មៅមានទៅជមុរាល
កន្ទំ
terrasse

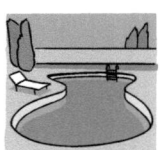

អាងហាលែទឹក
piscine

ម៉ាស៊ីនកាត់ស្មៅទៅ
tondeuse à gazon

សនុលឹក
housse

កម្រាលគ្រូដែកេ
couette

គ្រែ
lit

អំបោស
balai

ធុង
sceau

កុងតាក់
interrupteur

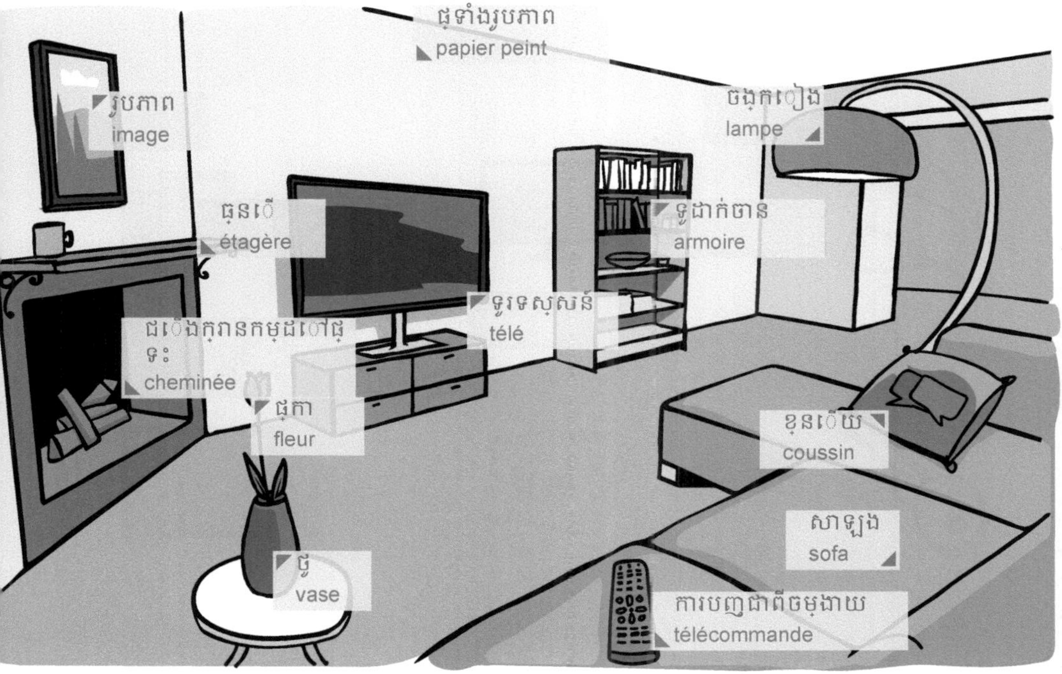

ផ្ទាំងរូបភាព
papier peint

រូបភាព
image

ចង្កៀងរៀង
lampe

ធ្នើរឈើ
étagère

ទូដាក់ចាន
armoire

ជរើងកុក្រានកម្ពុដទៅផ្ទះ
ទះ
cheminée

ទូទេស្សន៍
télé

ផ្កា
fleur

ខ្នើយឈើយ
coussin

សាឡុង
sofa

ថូ
vase

ការបញ្ជាពីចម្ងាយ
télécommande

កម្រាលព្រំ
tapis

វាំងនន
rideau

តុ
table

កៅអី
chaise

កៅអីប៉ាក់ប៉ើក
chaise à bascule

កៅអីកុនាក់ដៃ
fauteuil

សៀវភៅ
livre

ភួយ
couverture

ការតុបតែង
décoration

អុសដុត
bois de chauffage

ខ្សែភាពយន្ត
film

ឧបករណ៍ Hi-Fi
chaîne hi-fi

កូនសោ
clé

កាសែត
journal

គំនូរ
peinture

ផ្ទាំងរូបភាព
poster

វិទ្យុ
radio

ណូតផ្គេ
bloc-notes

ម៉ាស៊ីនបូមធូលី
aspirateur

ដំបងយកុស
cactus

ទៀន
bougie

ផ្ទះបាយ

cuisine

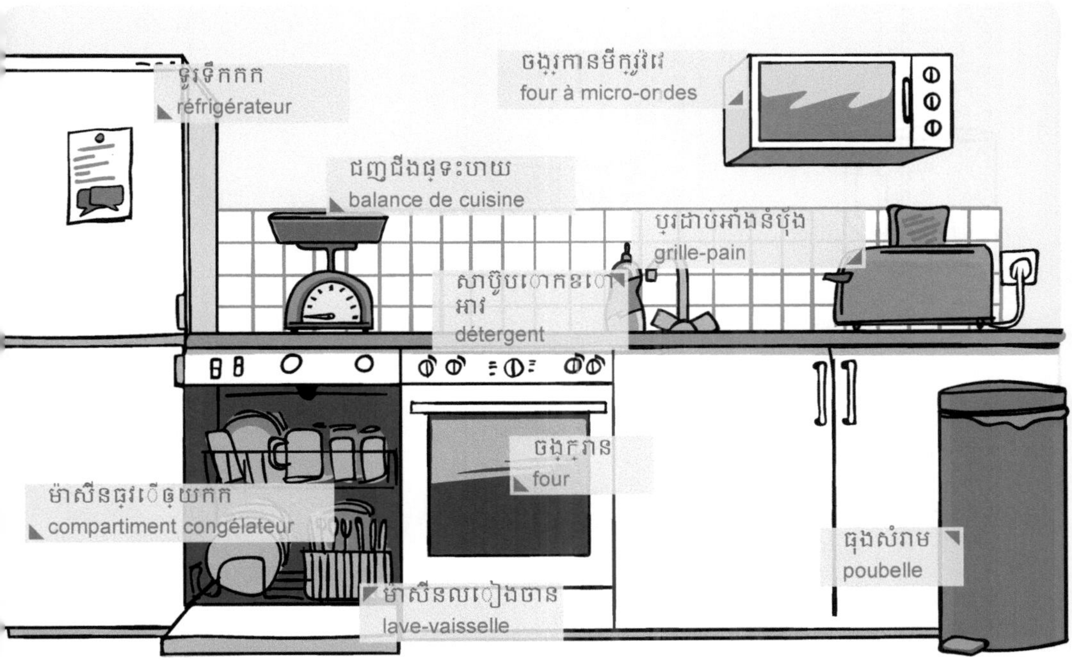

ទូទឹកកក
réfrigérateur
ចង្ក្រានមីក្រូវេវ
four à micro-ondes
ជញ្ជីងផ្ទះបាយ
balance de cuisine
ប្រដាប់អាំងនំប៉័ង
grille-pain
សាប៊ូបោកខោអាវ
détergent
ចង្ក្រាន
four
ម៉ាស៊ីនធ្វើទឹកកក
compartiment congélateur
ធុងសំរាម
poubelle
ម៉ាស៊ីនលាងចាន
lave-vaisselle

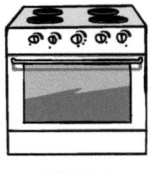

ចង្ក្រាន

four

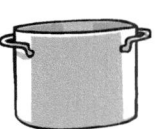

ឆ្នាំង

casserole

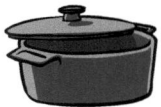

ឆ្នាំងដែក

marmite

ខ្ទះ / ខ្ទះឥណ្ឌា

wok / kadai

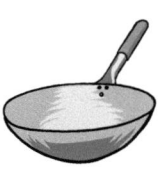

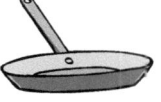

ខ្ទះ

poêle

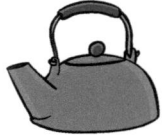

កំសៀវ

bouilloire electrique

ឆ្នាំងចំហុយ

cuiseur vapeur

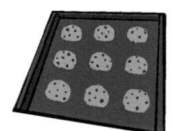

ថាសដុតនំ

plaque de cuisson

គ្រឿងចានឆ្នាំងដី

vaisselle

ថូ

gobelet

ចានគរោម

coupe

ចង្កឹះ

baguettes

វែកសមុល

louche

វែកកួរ

spatule

ប្រដាប់វាយកូរឡេក

fouet

តម្រង

passoire

កន្ទ្រង

tamis

ប្រដាប់កៅសដុង

râpe

គ្រហាល់

mortier

ការអាំងសាច់

barbecue

ចង្ក្រានចំហា

cheminée

ជួរញ្

planche à découper

បុរដោប់កិនម្សៅ

rouleau à pâtisserie

បុរដោប់ម្សៅបេេកឆ្នុកសុរា

tire-bouchon

កំប៉ុង

boîte

បុរដោប់បេេកកំប៉ុង

ouvre-boîte

ក្រណាត់ទ្រាប់ឆ្នាំង

maniques

កន្សុលដែលាងចាន

lavabo

ជក់

brosse

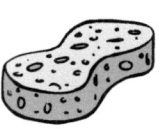

អប្រ៉ុង

éponge

ម៉ាស៊ីនកូរឡ្បៀក

mixeur

ទូរទឹកកកខ្ជាតត្កូច

congélateur

ដបទឹកដពោះគពោ

biberon

រ៉ូប៊ីណេ

robinet

បន្ទប់ទឹក

salle de bain

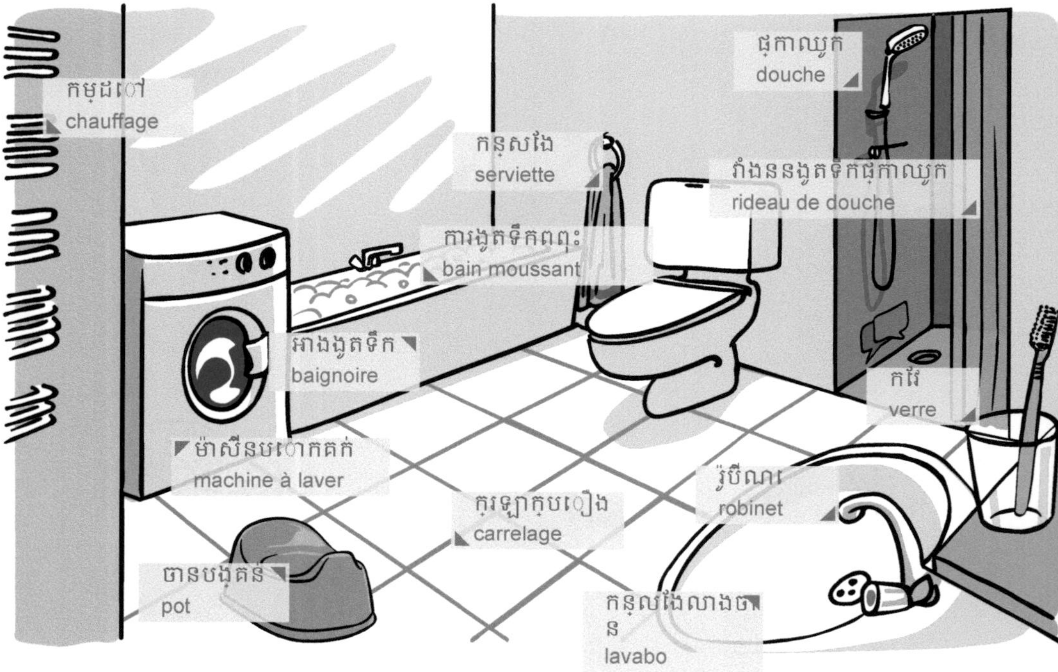

ផ្កាឈូក
douche
កម្ដៅ
chauffage
កន្សែង
serviette
វាំងននងូតទឹកផ្កាឈូក
rideau de douche
ការងូតទឹកពពុះ
bain moussant
អាងងូតទឹក
baignoire
កែវ
verre
ម៉ាស៊ីនបោកគក់
machine à laver
រ៉ូប៊ីណេ
robinet
ក្រឡាក្បឿង
carrelage
ចានបង្គន់
pot
កន្លែងលាងចាន
lavabo

បង្គន់

toilettes

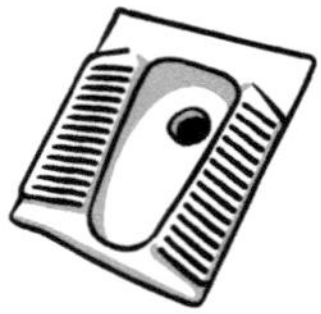

បង្គន់អង្គុយ

toilette à la turque

ផើងជម្រះកាយ

bidet

ក្លាំទឹកនោម

urinoir

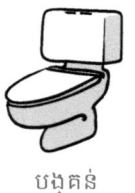

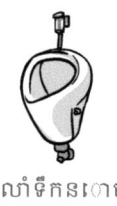

ក្រដាសបង្គន់

papier toilette

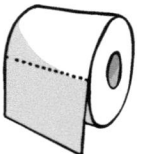

ច្រាសដុសបង្គន់ន

brosse à toilette

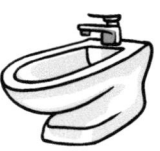

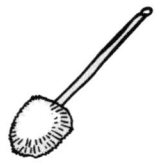

ច្រាសដុសធ្មេញ

brosse à dents

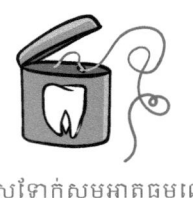

ថ្នាំដុសធ្មេញ

dentifrice

ខ្សែទាក់សម្អាតធ្មេញ

fil dentaire

លាង

laver

បូរដាប់ដាក់ដផ្ទៃកាប្បូក

douche manuelle

ទឹកថ្នាំសម្រាប់ហាញ់លាង

douche intime

អាង

vasque

ច្រាសដុសខ្នង

brosse dorsale

សាប៊ូ

savon

ជលែសម្រាប់ងូតទឹកផ្ទៃកាប្បូ

gel douche

សាប៊ូ

shampooing

សកុលាត

gant de toilette

បំពង់បង្ហូរទឹក

écoulement

កុរម៉ែ

crème

ថ្នាំបំបាត់កុលិនអាក្បរក់

déodorant

កញ្ចក់

miroir

កញ្ចក់ដៃ

miroir cosmétique

បុរដាប់កោរ

rasoir

ហ្វូមកោរពុកមាត់

mousse à raser

ទឹកលាងក្រោយកោរពុកមាត់រូប

après-rasage

កូរស

peigne

ជក់

brosse

បុរដាប់សម្ងួតសក់

sèche-cheveux

សុពួយហាញ់សក់

laque pour cheveux

ការតុបតែងមុខ

fond de teint

កូរមែលាបមាត់

rouge à lèvres

ថ្នាំលាបក្រចក

vernis à ongles

រោមកប្បាស

ouate

កន្ត្រៃកាត់ក្រចក

coupe-ongles

ទឹកអប់

parfum

 កាបូបបពោកតក់
trousse de toilette

លាមក
tabouret

ជញ្ជីងថ្លឹងទម្ងន់
pèse-personne

អាវពាក់ងូតទឹក
peignoir

ស្រោមដៃពោស្អិ
gants de nettoyage

ឆ្នុក
tampon

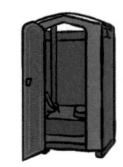

កន្សែងអនាម័យ
serviettes hygiéniques

បង្គន់គីមី
toilette chimique

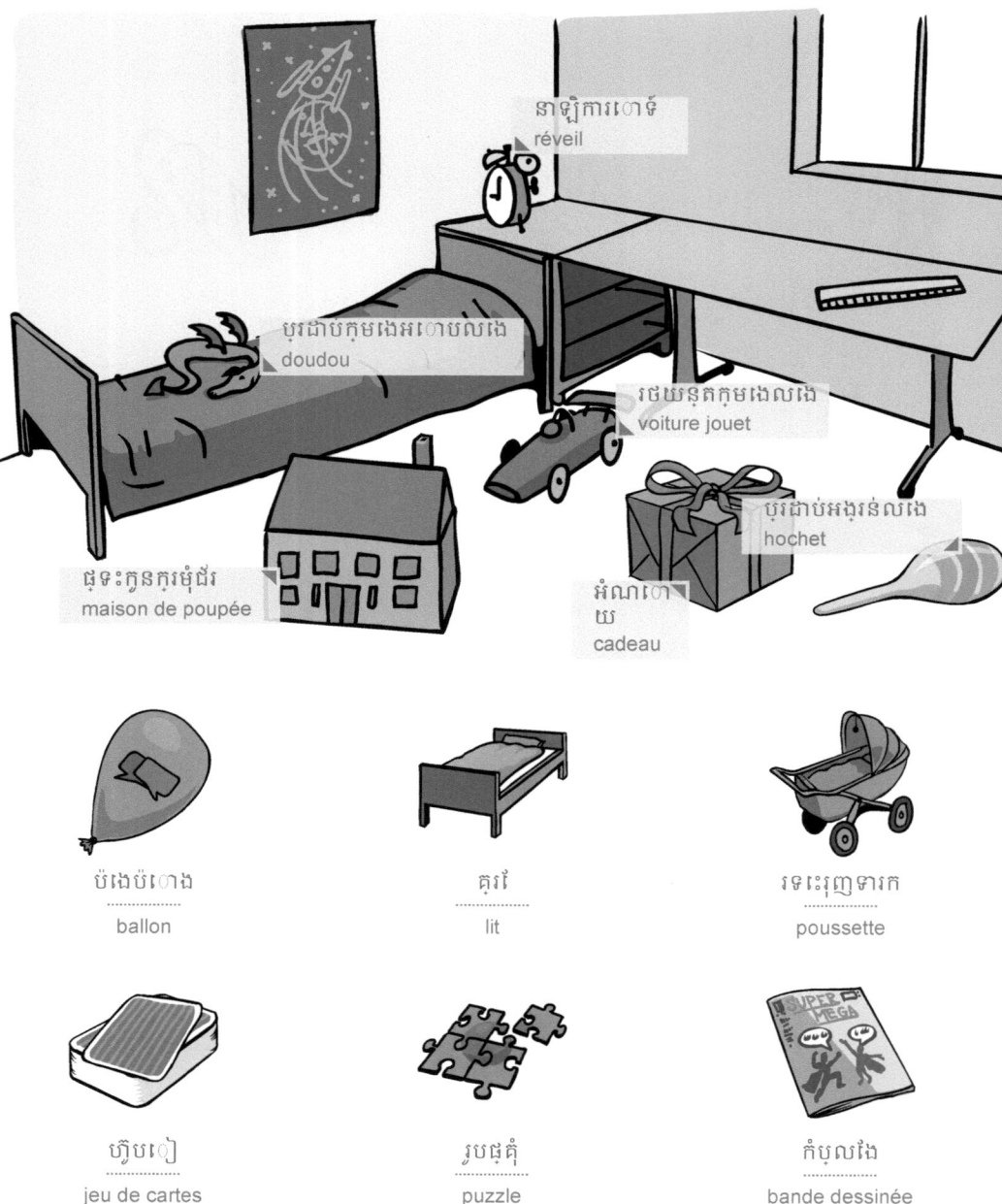

នាឡិការោទ៍
réveil

បុរដាប់កុមេងអោបលង
doudou

រថយន្តកុមេងលង
voiture jouet

ផ្ទះកូនក្រុមុំជវ
maison de poupée

បុរដាប់អង្រន់លង
hochet

អំណោ
យ
cadeau

ប៉ងប៉ោង
ballon

គ្រវ
lit

រទេរុញទារក
poussette

ហ្គបរ្យ
jeu de cartes

រូបផ្គុំ
puzzle

កំបុលង
bande dessinée

ឯដុប Lego

pièces lego

បុលុកបុរដោប់កុមងេលង

blocs de construction

តូលខេសកមុមភាព

figurine

ខពោអាវទោរក

grenouillère

ការគប់ចាស

frisbee

ទូរស័ព្ទដៃ

mobile

កុតារលុបងេ

jeu de société

គុរាប់ទ្បុកឡ្បាក់

dé

ឈុតចថភុលេ៊ងគំរ

train miniature

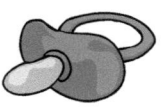

រូបសំណាក

sucette

គណបកុស

fête

សរៀេវរកពៅរូបភាព

livre d'images

ហាល់

balle

កូនកុរម៉ុតុកុកតា

poupée

លងេ

jouer

 រណ្ដៅទៅខ្សាច់

bac à sable

ទ្រេង

balançoire

បុរដាប់កុមងេលងេ

jouets

កុងស្ូលវីដអ្ូេហ្គតមេ

console de jeu

គ្រីចក្រយានយន្ត

tricycle

តុក្កតាខ្លាយុមុំ

ours en peluche

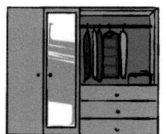

ទូខទោអារ

armoire

ស្ូរទេមជ្ើេង

chaussettes

ស្ូរទេមជ្ើេងវ្ែង

bas

ខទេមុរនាប់នារី

collant

កូម៉ា
écharpe

ខ្សែក្រវាត់
ceinture

ឆត្រ
parapluie

អាវយឺត
t-shirt

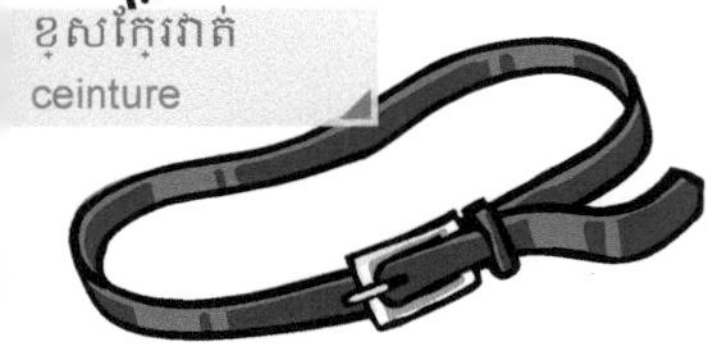

ស្បែកជើងបាតា
baskets

ស្បែកជើងកវែង
bottes

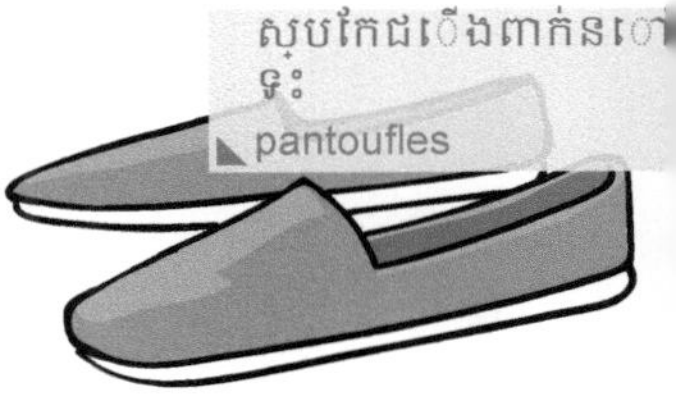

ស្បែកជើងពាក់នៅ
ទ្ធៈ
pantoufles

ស្បែកជើងសង្រែក
....
sandales

ស្បែកជើង
....
chaussures

ស្បែកជើងកវែងកៅស៊ូ
....
bottes de caoutchouc

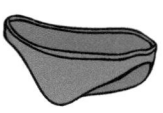

ខោទុរនាប់បុរស
....
sous-vêtements

អាវទុរនាប់
....
soutien-gorge

អាវកាក់
....
maillot de corps

រាងកាយ

body

ខោពោរ៉ែង

pantalon

ខោទោខូរបិយ

jean

សំពត់

jupe

អាវក្រៅរៅ

chemisier

អាវ

chemise

អាវយឺត

pull

អាវយឺត

sweat à capuche

អាវធំ

veste

អាវក្រៅរៅ

veste

អាវធំ

manteau

អាវភ្លៀងរៀង

imperméable

គុររៀងតកៃ

costume

អាវរៃ

robe

សំលរៀកបំពាក់អាពាហ៍ពិពា
ហ៍

robe de mariée

សមុលរៀកបំពាក់ - vêtements

ខោអាវឈុត

costume

រ៉ូបរាត្រី

chemise de nuit

ឈុតគេង

pyjama

សារី

sari

កន្សែងដែងជួតកុហាល

foulard

ឆ្នួត

turban

សុបម៉ែខ

burqa

kaftan

caftan

abaya

abaya

ឈុតហាលែទឹក

maillot de bain

ខោខលី

maillot de bain

ខោខលី

short

ឈុតហាត់កីឡ្បា

tenue d'entraînement

អាវអេៀម

tablier

ស្រូវេោមដៃ

gants

ឡ្យេវអារ
bouton

វ៉ែនតា
lunettes

ខ្សដៃ
bracelet

ខ្សកៃ
collier

ចិញ្ចៀន
bague

កុវិល
boucle d'oreille

មួក
bonnet

បុរដាប់ពួយអារកុរៅ
cintre

មួក
chapeau

កុវាត់ក
cravate

រូត
fermeture éclair

មួកសុវត្ថិភាព
casque

ខ្សវៃ
bretelles

ឯកសណ្ឋានសាលា
uniforme scolaire

ឯកសណ្ឋាន
uniforme

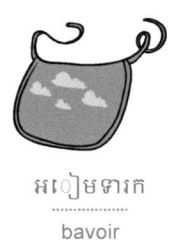

អៀមទារក

bavoir

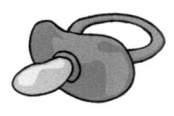

រូបសំណាក

sucette

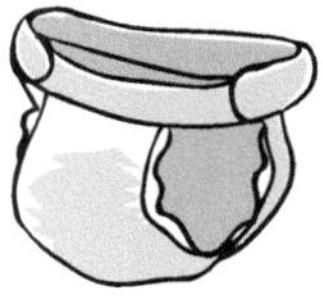

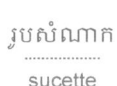

ខោទឹកនោម

lange

ការិយាល័យ

bureau

ម៉ាស៊ីនមេ
serveur
ទូឯកសារ
armoire d'archivage
ម៉ាស៊ីនបោះពុម្ព
imprimante
ក្រដាស
papier
ម៉ូនីទ័រ
écran
តុការិយាល័យ
bureau
កណ្ដុរ
souris
សឺមី
classeur
ក្ដារចុច
clavier
កន្ត្រកដាក់សំរាមក្រដាស
corbeille à papier
កុំព្យូទ័រ
ordinateur
កៅអី
chaise

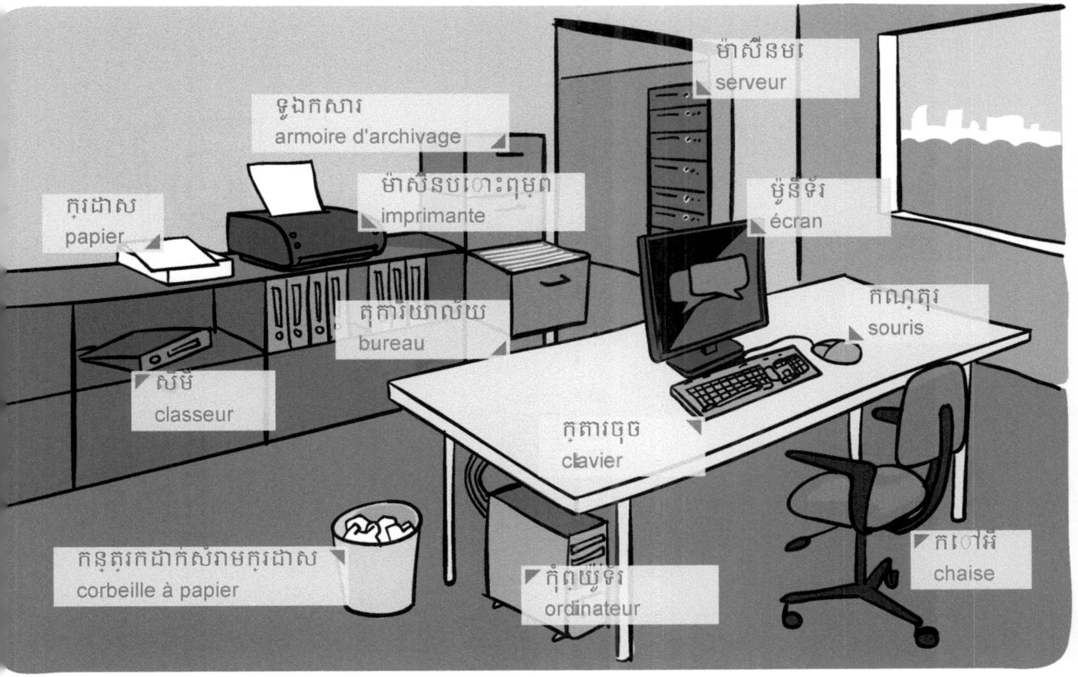

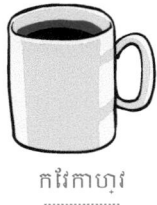

កែវកាហ្វេ

tasse de café

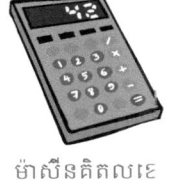

ម៉ាស៊ីនគិតលេខ

calculatrice

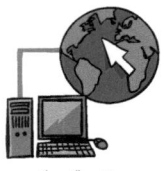

អ៊ីនធឺណិត

internet

កុំព្យូទ័រយួរដៃ

ordinateur portable

លិខិត

lettre

សារ

message

ទូរស័ព្ទដៃ

portable

បណ្ដាញ

réseau

ម៉ាស៊ីនថតចម្លង

photocopieuse

សូហ្វវែរ

logiciel

ទូរស័ព្ទ

téléphone

រន្ធធុងដោត

prise

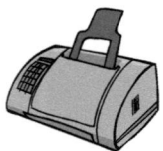

ម៉ាស៊ីនទូរសារ

fax

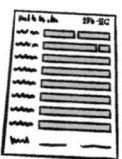

ទម្រង់បែបបទ

formulaire

ឯកសារ

document

ទិញ

acheter

បង់ប្រាក់

payer

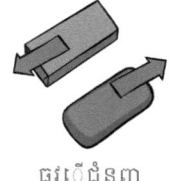

ធ្វើវេជ្ជនួញ

faire du commerce

លុយ

monnaie

ប្រាក់ដុល្លារ

dollar

ប្រាក់អឺរ៉ូ

euro

ប្រាក់យ៉េន

yen

ប្រាក់រូប្លិ

rouble

ហ្វ្រង់ស្វីស

franc suisse

ប្រាក់យ៉ន

renminbi yuan

ប្រាក់រូពី

roupie

កន្លែងបែរប្រាក់សាច់ប្រាក់

distributeur automatique

ការិយាល័យប្តូរប្រាក់

bureau de change

មាស

or

ប្រាក់

argent

ប្រេង

pétrole

ថាមពល

énergie

តម្លៃ

prix

កិច្ចសន្យា

contrat

ពន្ធ

taxe

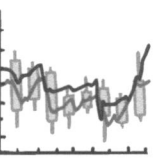

ភាគហ៊ុន

action

ធ្វើការ

travailler

បុគ្គលិក

employé

និយោជក

employeur

រោងចក្រ

usine

ហាង

magasin

មនុស្សប៉ូលីស
agent de police

អ្នកពន្លត់អគ្គិភ័យ
pompier

ចុងភៅ
cuisinier

វេជ្ជបណ្ឌិត
médecin

អ្នកបើកយន្តហោះ
pilote

អ្នកថែសួន

jardinier

ជាងឈើ

menuisier

ជាងកាត់ដេរ

couturière

ចៅក្រម

juge

គីមីវិទូ

chimiste

តួកុន

acteur

អ្នកបើកឡ្មានក្រុង

conducteur de bus

អ្នកបើកតាក់ស៊ី

chauffeur de taxi

អ្នកនេសាទ

pêcheur

សុត្រីអ្នកសម្អាត

femme de ménage

ជាងដំបូល

couvreur

អ្នករត់តុ

serveur

អ្នកបរបាញ់សត្វ

chasseur

វិចិត្រករ

peintre

អ្នកដុតនំ

boulanger

ជាងអគ្គិសនី

électricien

ជាងសំណង់

ouvrier

វិស្វករ

ingénieur

អ្នកកាប់សាច់

boucher

ជាងជួសជុលទុយោរទឹក

plombier

អ្នករត់សំបុត្រ

facteur

ទាហាន

soldat

ស្ថាបត្យករ

architecte

បេឡា

caissier

អ្នកលក់ផ្កា

fleuriste

អ្នកអ៊ិតសក់

coiffeur

អ្នកយកលុយ

contrôleur

ជាងម៉ាស៊ីន

mécanicien

កពីទែន

capitaine

ពទ្យេធ្មេពញ

dentiste

អ្នកវិទ្យាសាស្ត្រ

scientifique

គ្រូបង្រៀនច្បាប់សញ្ញជាតិ
ជ៍ហ្វរ

rabbin

លោកសង្ឃយចាម

imam

ព្រះសង្ឃ

moine

បព្វជិត

prêtre

ឧបករណ៍

outils

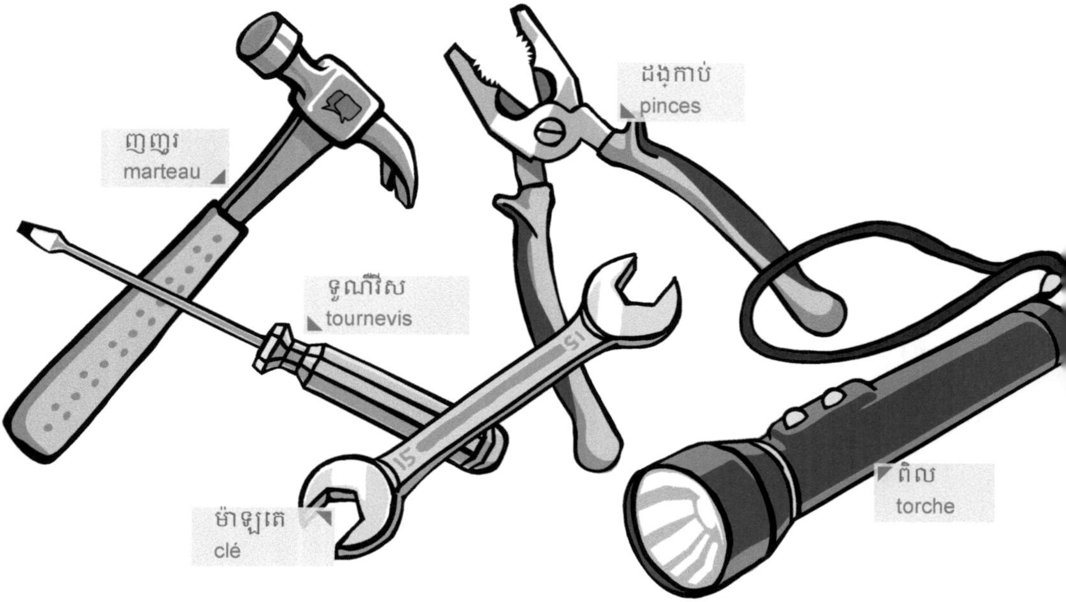
ញញួរ
marteau
ដង្កាប់
pinces
ទួណឺវីស
tournevis
ម៉ាឡេត
clé
ពិល
torche

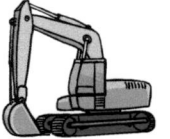

ម៉ាស៊ីនជីក

pelleteuse

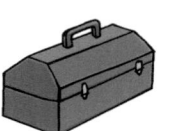

ប្រអប់ឧបករណ៍

boîte à outils

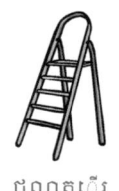

ជណ្តើរ

échelle

រណារ

scie

ដែកគោល

clous

ប្រដាប់ស្វាន

perceuse

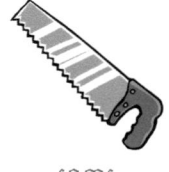

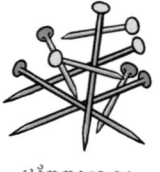

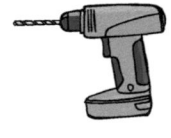

ជួសជុល

réparer

ប៉ែល

pelle

ចង្រៃ!

Mince !

បូរដោបច្ចូកធូលី

pelle

ធុងថ្នាំពណ៍

pot de peinture

វីស

vis

ឧបករណ៍តន្ត្រី
instruments de musique

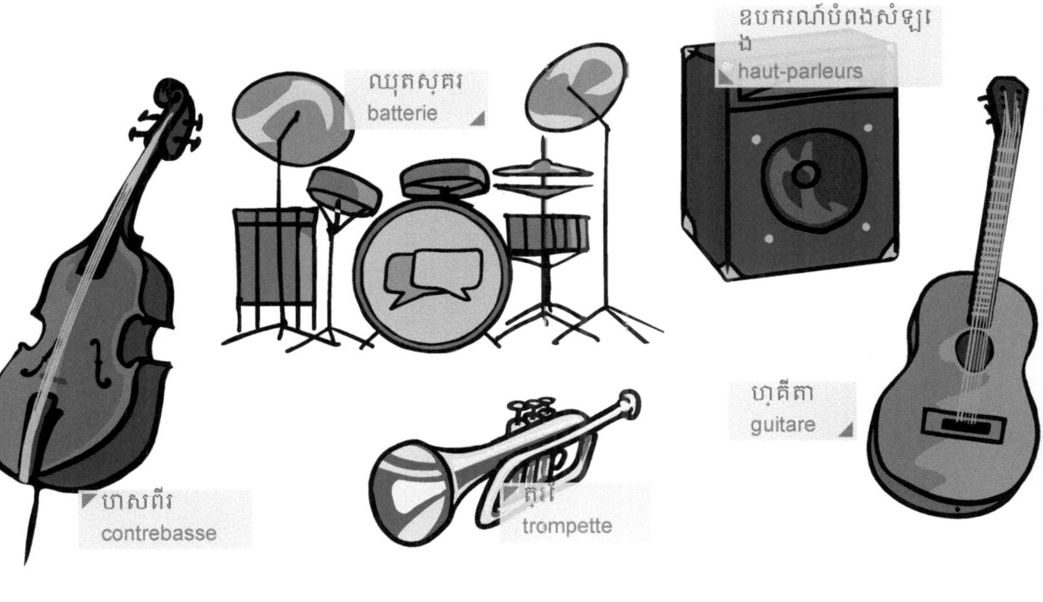

ឧបករណ៍បំពងសំឡេង
haut-parleurs

ឈុតសូត
batterie

ហ្គីតា
guitare

ហាសពីរ
contrebasse

គ្រែ
trompette

ពុយាណូ

piano

វីយូឡ្យង

violon

ហាស

basse

សុតរពាសសួបកែមុយ៉ាង

timbales

សុតរ

tambour

យ៉ឺបត

piano électrique

សាក់សួហ្សូន

saxophone

ខ្លុយ

flûte

មីក្រូហ្សូន

microphone

ឧបករណ៍តន្ត្រី - instruments de musique

សត្វវខ្លា
tigre

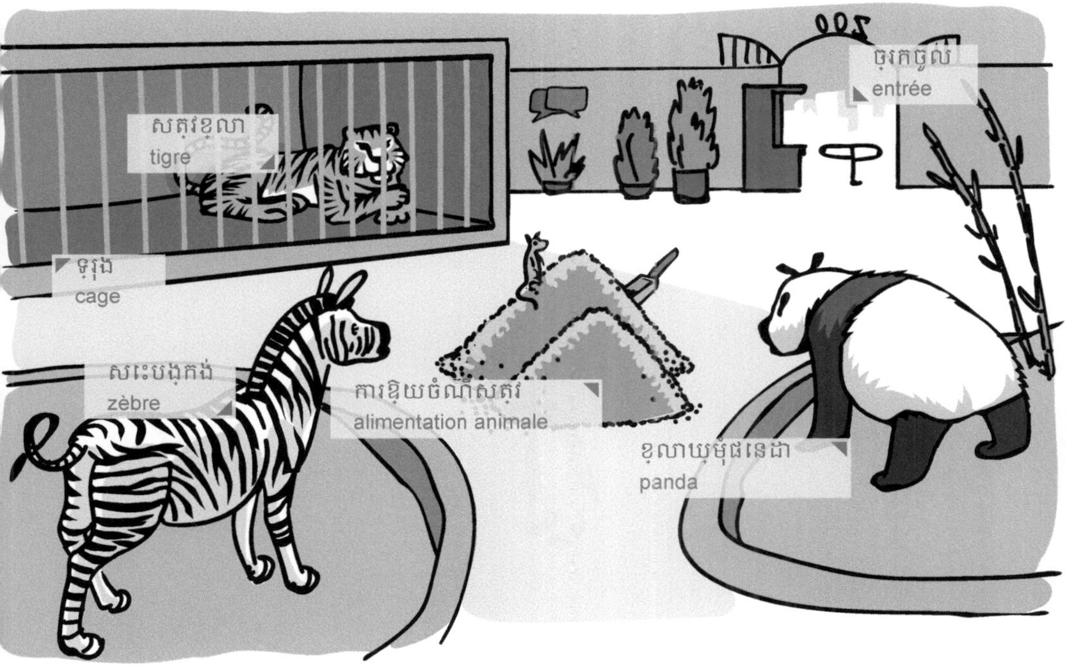

ចូរកចូល
entrée

ទ្រុង
cage

សរៈបេងកង់
zèbre

ការឱ្យចំណីសត្វ
alimentation animale

ខ្លាយមុផនេដា
panda

សត្វ
animaux

សត្វវដំរី
éléphant

សត្វរកង់ហុការ
kangourou

សត្វរមាស
rhinocéros

សត្វស្វវាហ្គត់រីឡ្យា
gorille

ខ្លាយមុំពណិត្កុនទោត
ours

សត្វអូដ្ឋ

chameau

សត្វអូទ្រុស

autruche

សត្វតោ

lion

ស្វា

singe

សត្វក្ររៀល

flamand rose

សកែ

perroquet

ខ្លាឃ្មុំកំបន់ប៉ូល

ours polaire

ផេនឃ្វីន

pingouin

ត្រីឆ្លាម

requin

ក្ងោក

paon

សត្វពស់

serpent

ក្រពើ

crocodile

អ្នករក្សាសួនសត្វ

gardien de zoo

ឆ្មាទឹក

phoque

ខ្លារខិនមួយយ៉ាង

jaguar

ក្ងនសះ

poney

ខ្លារខិន

léopard

សត្វដីរទឹក

hippopotame

សត្វករ៉ាផ្ទៃ

girafe

ឥន្ទ្រី

aigle

ជ្រូក

sanglier

ត្រី

poisson

អណ្ដើកបើក

tortue

លពោមមច្ចា

morse

កញ្ជ្រោងរពោង

renard

ក្ដាន់

gazelle

sports

កីឡាហាល់ទាត់អាមេរិក
american Football

ការបរណាំងកង់
cyclisme

កីឡាថ្នេនិស
tennis

កីឡាហាល់បរេាះ
basket-ball

កីឡាហាលេទឹក
natation

កីឡាបរដាល
boxe

កីឡាវាយកូនហាល់លេើទឹកកក
hockey sur glace

កីឡាហាល់ទាត់
football

កីឡាវាយស៊ី
badminton

អត្តពលកម្ម
athlétisme

កីឡាហាល់កាន់
handball

ការជិះស្គី
ski

ប៉ូឡូ
polo

សរសេរ
écrire

គូរ
dessiner

បង្ហាញ
montrer

រុញ
pousser

ថ្វាយ
donner

យក
prendre

មាន

avoir

ធ្វើឬឆ្វើ

faire

គឺ

être

ឈរ

être debout

រត់

courir

ទាញ

trier

បោះ

jeter

ធ្លាក់

tomber

កុហក

être couché

រង់ចាំ

attendre

យួរ

porter

អង្គុយ

être assis

ស្លៀកពាក់

s'habiller

ដេក

dormir

ភ្ញាក់ឡើង

se réveiller

សកម្មភាពនានា - activités

មេ‌ើល

regarder

យំ

pleurer

គូសវាស

caresser

សិតសក់

peigner

និយាយ

parler

យល់

comprendre

សួរ

demander

ស្ដាប់

écouter

ផឹក

boire

បរិភោគ

manger

សម្អាត

ranger

សូរឡាញ់

aimer

ចម្អិន

cuire

បេ‌ើកបរ

conduire

ហា‌ះ

voler

ចតែទូក

faire de la voile

គណនា

calculer

អាន

lire

រៀន

apprendre

ធ្វើការ

travailler

រៀបការ

se marier

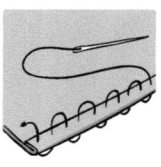

ដេរ

coudre

ដុសធ្មេញ

brosser les dents

សម្លាប់

tuer

ជក់

fumer

ផ្ញើរ

envoyer

ជីដូន
grand-mère

ជីតា
grand-père

ឪពុក
père

មុតាយ
mère

ទារក
bébé

កូនស្រី
fille

កូនប្រុស
fils

ភ្ញៀវ
hôte

មីង
tante

ពូ
oncle

បងប្អូនប្រុស
frère

បងប្អូនស្រី
sœur

រាងកាយ

corps

ថ្ងាស
front
ភ្នែក
œil
មុខ
visage
ចង្កា
menton
ម្រាមដៃ
doigt
ដៃ
main
សុដន់
poitrine
ដៃ
bras
ស្មា
épaule
ជើង
jambe

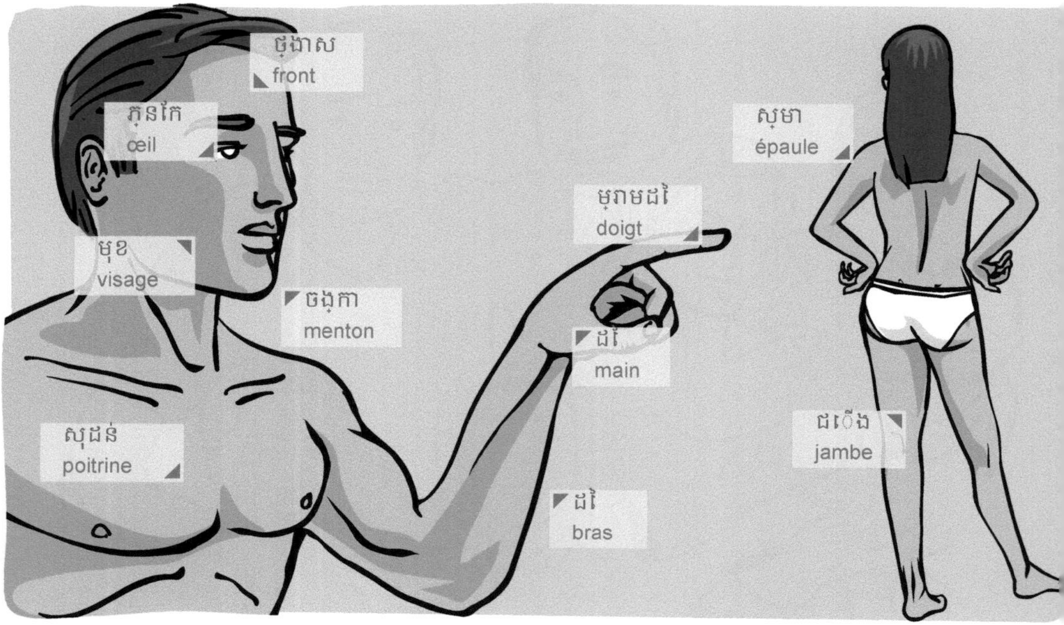

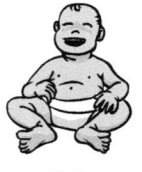

ទារក

bébé

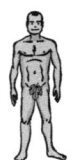

បុរស

homme

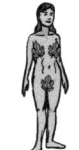

ស្ត្រី

femme

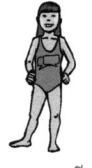

ក្មេងស្រី

fille

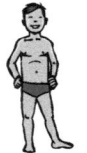

ក្មេងប្រុស

garçon

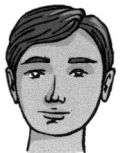

ក្បាល

tête

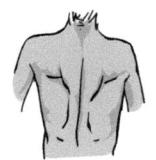

ខ្នង

dos

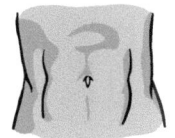

ពោះ

ventre

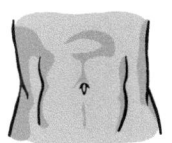

ផ្ចិត

nombril

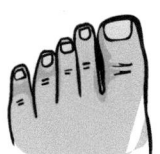

ម្រាមជើង

orteil

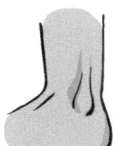

កែងជើង

talon

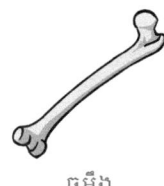

ឆ្អឹង

os

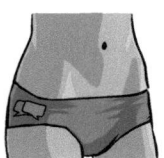

គូទត្រគាក

hanche

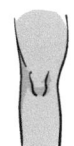

ជង្គង់

genou

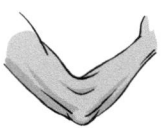

កែងដៃ

coude

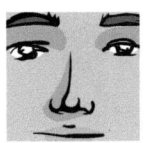

ច្រមុះ

nez

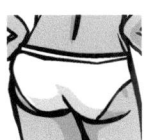

គូទ

fesses

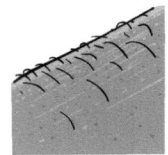

ស្បែក

peau

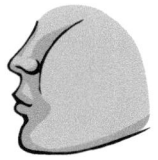

ថ្ពាល់

joue

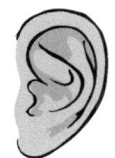

ត្រចៀក

oreille

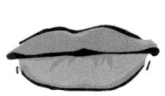

បបូរមាត់

lèvre

មាត់

bouche

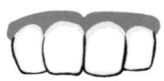

ធ្មេញ

dent

អណ្ដាត

langue

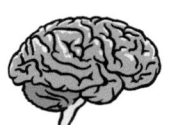

ខួរក្បាល

cerveau

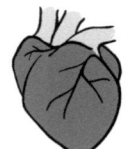

បេះដូង

cœur

សាច់ដុំ

muscle

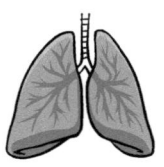

សួត

poumons

ថ្លើម

foie

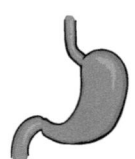

ក្រពះ

estomac

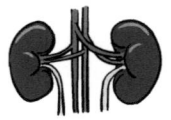

តម្រងនោម

reins

ការរួមភេទ

rapport sexuel

ស្រោមអនាម័យ

préservatif

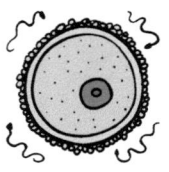

អូវុល

ovule

ទឹកកាម

sperme

ការមានផ្ទៃពោះ

grossesse

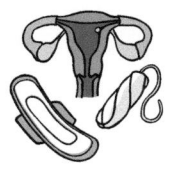

មករដូវ

menstruation

ទ្វារមាស

vagin

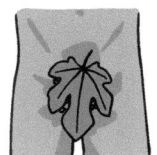

លិង្គត

pénis

ចិញ្ចើមភ្នែក

sourcil

សក់

cheveux

ក

cou

មន្ទីរពេទ្យ
hôpital

មន្ទីរពេទ្យ
hôpital
រថយន្តសង្គ្រោះ
ambulance
រទេះរុញ
fauteuil roulant
ការបាក់ឆ្អឹង
fracture

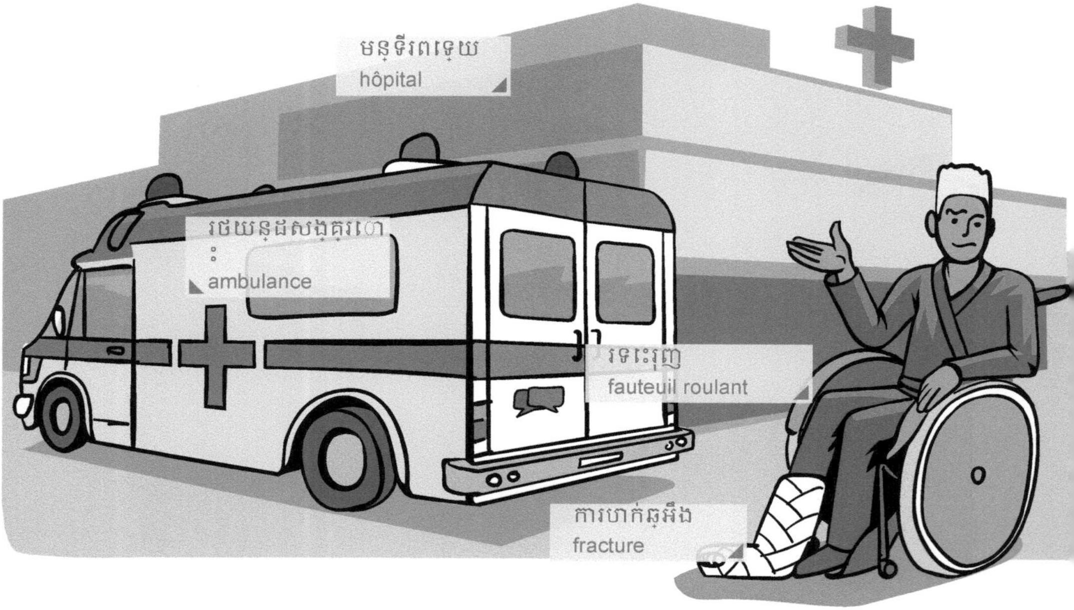

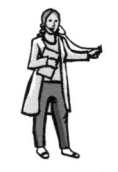

វេជ្ជបណ្ឌិត
médecin

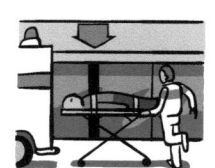

បន្ទប់សង្គ្រោះបន្ទាន់
service des urgences

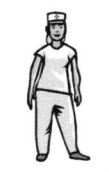

គិលានុបដ្ឋាយិកា
infirmière

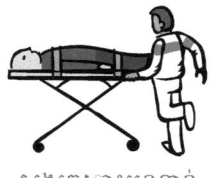

សង្គ្រោះបន្ទាន់
urgence

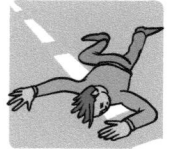

សន្លប់
inconscient

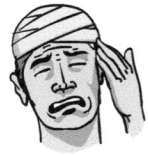

ការឈឺចាប់
douleur

ការរងរបួស

blessure

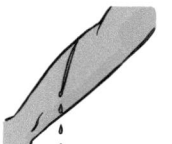

ការហូរឈាម

hémorragie

គាំងបេះដូង

crise cardiaque

ជម្ងឺដាច់សរសៃឈាមក្នុង
ក្បាល

attaque cérébrale

អាលែកហ្ស៊ី

allergie

ក្អក

toux

ជំងឺគ្រុន

fièvre

ជំងឺផ្តាសាយ

grippe

ជំងឺរាគ្គួស

diarrhée

ឈឺក្បាល

mal de tête

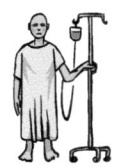

ជំងឺមហារីក

cancer

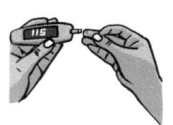

ជំងឺទឹកនោមផ្អែម

diabète

គ្រូពេទ្យវះកាត់

chirurgien

កាំបិតវះកាត់

scalpel

បុរេតិបត្តិការ

opération

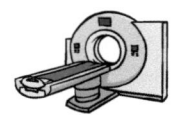

CT
CT

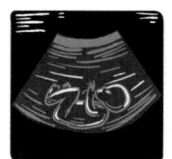

កាំរស្មីអ៊ិច
radiographie

អេកូ
échographie

របាំងមុខ
masque

ជំងឺ
maladie

បង្គប់បន្ទប់
salle d'attente

ឈើច្រត់
béquille

មុនាងសិលា
pansement

បង់រុំ
pansement

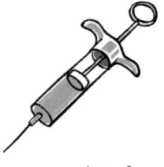

ការចាក់ថ្នាំ
injection

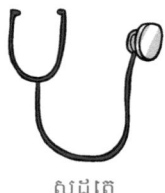

ស្តេតូស្គ
stéthoscope

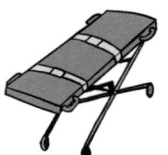

សុនដែរប្រូស
brancard

ទែម៉ែម៉ែត្រពេទ្យបាល
thermomètre

កំណើត
accouchement

លើសទម្ងន់
surcharge pondérale

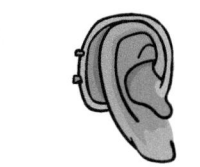

ឧបករណ៍ជំនួយការស្ដាប់

appareil auditif

សារធាតុសម្លាប់មេរោគ

désinfectant

ការឆ្លងមេរោគ

infection

មេរោគ

virus

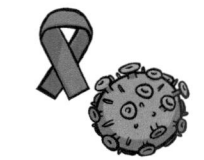

មេរោគអេដស៍ / ជំងឺអេដស៍

VIH / sida

ថ្នាំពេទ្យ

médicament

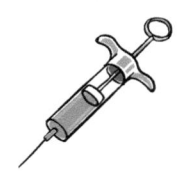

ការចាក់ថ្នាំបង្ការ

vaccination

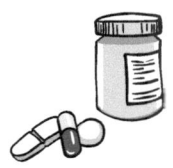

ថ្បេលិត

comprimés

ថ្នាំគ្រាប់

pilule

ការហៅពេលអាសន្ន

appel d'urgence

ឧបករណ៍ពិនិត្យសម្ពាធ
ឈាម
tensiomètre

ឈឺ / មានសុខភាពល្អ

malade / sain

ជំនួយ!

Au secours !

សំឡេងរោទ៍

alarme

ការវាយលុក

assaut

ការវាយប្រហារ

attaque

គ្រោះថ្នាក់

danger

ច្រកចេញគ្រោះអាសន្ន

sortie de secours

អគ្គីភ័យ!

Au feu!

បំពង់ពន្លត់អគ្គិភ័យ

extincteur

គ្រោះថ្នាក់

accident

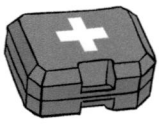

ឧបករណ៍ជំនួយបឋម

trousse de premier secours

SOS

SOS

ប៉ូលិស

police

អឺរុប

Europe

អាមេរិកខាងជើង

Amérique du Nord

អាមេរិកខាងត្បូង

Amérique du Sud

អាហ្វ្រិក

Afrique

អាស៊ី

Asie

អូស្ត្រាលី

Australie

អាត្លង់ទិច

Océan atlantique

ប៉ាស៊ីហ្វិក

Océan pacifique

មហាសមុទ្រផេណ្ឌា

Océan indien

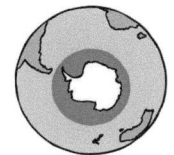

មហាសមុទ្រអង់តាក់ទិច

Océan antarctique

មហាសមុទ្រអាកទិច

Océan arctique

ប៉ូលខាងជើង

pôle nord

ប៉ូលខាងត្បូង

pôle sud

អង់តាក់ទិក

Antarctique

ផែនដី

terre

ដីតោក

pays

សមុទ្រ

mer

កោះ

île

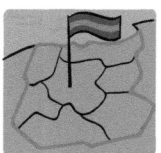

បុរទេសជាតិ

nation

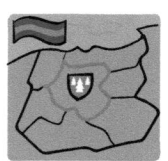

រដ្ឋ

état

មុខនាឡិកា

cadran

ទ្រនិចម៉ោង

aiguille des heures

ទ្រនិចនាទី

aiguille des minutes

ទ្រនិចវិនាទី

aiguille des secondes

ម៉ោងប៉ុន្មាន?

Quelle heure est-il ?

ថ្ងៃ

jour

ពេលវេលា

temps

ឥឡូវនេះ

maintenant

នាឡិកាឌីជីថល

montre digitale

នាទី

minute

ម៉ោង

heure

សប្ដាហ៍

semaine

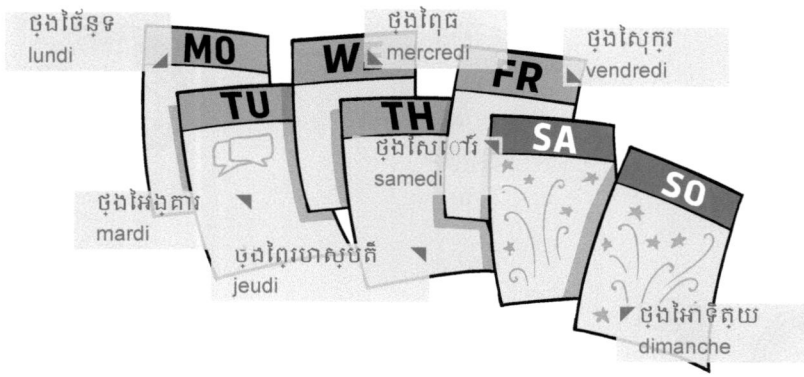

ចុងថ្ងៃចន្ទ
lundi

ចុងថ្ងៃពុធ
mercredi

ចុងថ្ងៃសុក្រ
vendredi

ចុងថ្ងៃអង្គារ
mardi

ចុងថ្ងៃសៅរ៍
samedi

ចុងថ្ងៃព្រហស្បតិ៍
jeudi

ចុងថ្ងៃអាទិត្យ
dimanche

មុសិលមិញ

hier

ចុងនៃរៈ

aujourd'hui

ចុងថ្ងៃស្អែក

demain

ព្រឹក

matin

ចុងថ្ងៃត្រង់

midi

ល្ងាច

soir

ចុងថ្ងៃរៀៈការ

jours ouvrables

ចុងសប្ដាហ៍

week-end

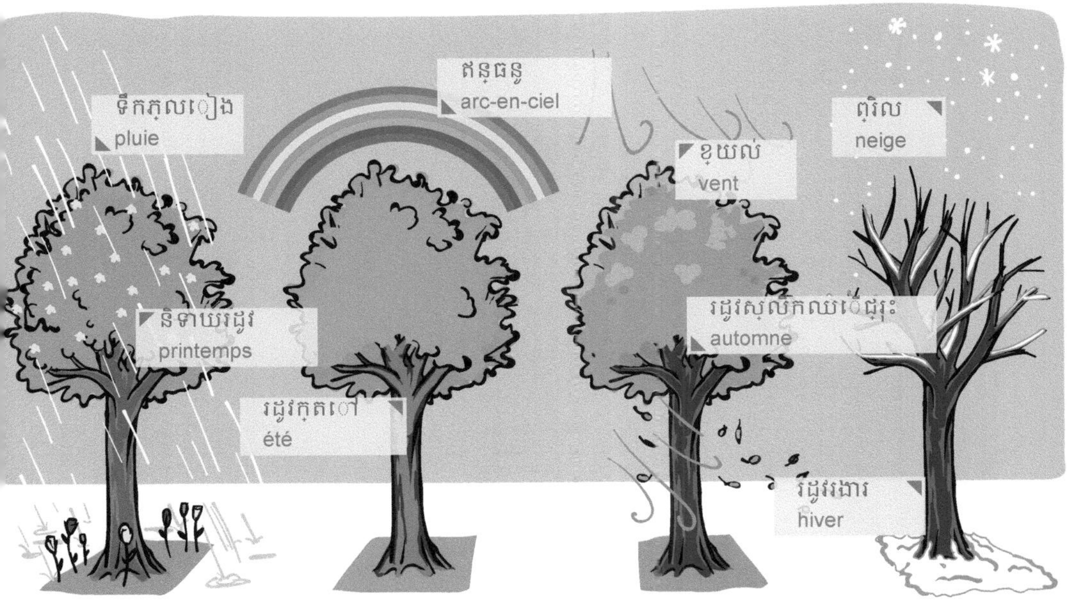

ទឹកភ្លៀង
pluie
ឥន្ទធនូ
arc-en-ciel
ខ្យល់
vent
ព្រិល
neige
និទាឃរដូវ
printemps
រដូវក្តៅ
été
រដូវស្លឹកឈើជ្រុះ
automne
រដូវរងារ
hiver

4.APRIL 11°
5.APRIL 4°
6.APRIL 13°
7.APRIL 8°
8.APRIL 10°

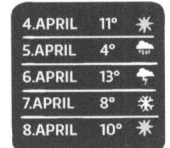

ការព្យាករណ៍អាកាសធាតុ

météo

F C
120 40
90 30
60 20
30 10
0 0
-30 -10
-20

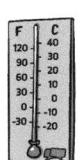

ទែម៉ូម៉ែត្រ

thermomètre

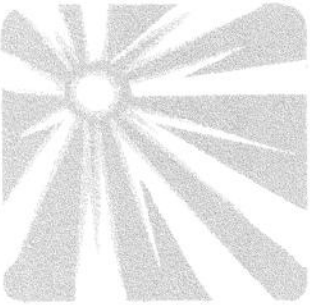

ពន្លឺថ្ងៃ

lumière du soleil

ពពក

nuage

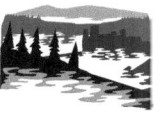

អ័ព្ទ

brouillard

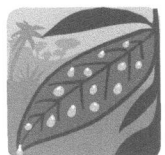

សំណើម

humidité

រន្ទះ
foudre

ផ្គរ
tonnerre

ពុយ្ហះ
tempête

ព្រិល
grêle

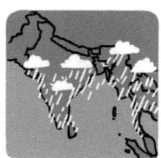

ខយល់មូសុង
mousson

ទឹកជំនន់
inondation

ទឹកកក
glace

ខែមករា
janvier

ខែកុម្ភៈ
février

ខែមីនា
mars

ខែមេសា
avril

ខែឧសភា
mai

ខែមិថុនា
juin

ខែកក្កដា
juillet

ខែសីហា
août

ឆ្នាំ - année

ខែកញ្ញា

septembre

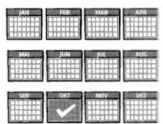

ខែតុលា

octobre

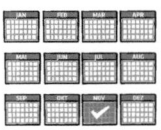

ខែវិច្ឆិកា

novembre

ខែធ្នូ

décembre

រាង

formes

រង្វង់

cercle

ការ៉េ

carré

ចតុកោណកែង

rectangle

ត្រីកោណ

triangle

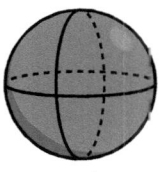

ស្វ៊ែរ

sphère

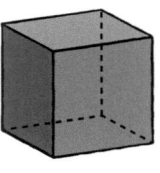

គូប

cube

ពណ៌ស

blanc

ពណ៌លឿង

jaune

ពណ៌ទឹកក្រូច

orange

ពណ៌ផ្កាឈូក

rose

ពណ៌ក្រហម

rouge

ពណ៌ស្វាយ

violet

ពណ៌ខៀវ

bleu

ពណ៌បៃតង

vert

ពណ៌ទឹកក្រូច

marron

ពណ៌ប្រផេះ

gris

ពណ៌ខ្មៅ

noir

ចូរវេនិ / តិចតួច

beaucoup / peu

ខឹង / គ្រជាក់ចិត្ត

fâché / calme

សុរស់សុអាគ / អាក្រក់

joli / laid

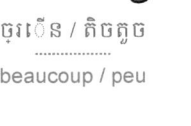

ចាប់ផ្តើម / បញ្ចប់

début / fin

ធំ / តូច

grand / petit

ភ្លឺ / ងងឹត

clair / obscure

បងប្អូនប្រុស / បងប្អូនស្រី

frère / soeur

សុអាត / កខ្វក់

propre / sale

ពេញលេញ / មិនពេញលេញ

complet / incomplet

ថ្ងៃ / យប់

jour / nuit

ស្លាប់ / នៅរស់

mort / vivant

ធំទូលាយ / តូចចង្អៀត

large / étroit

អាចបរិភោគតហាន /
មិនអាចបរិភោគតហាន

comestible / incomestible

ចិត្តអាក្រក់ / ចិត្តល្អ

méchant / gentil

ការរំភើប / អផ្សុក

excité / ennuyé

ធាត់ / សុគម

gros / mince

ដំបូង / ចុងក្រោយ

premier / dernier

មិត្តភក្តិ / សត្រូវ

ami / ennemi

ពញ / ទទេ

plein / vide

រឹង / ទន់

dur / souple

ធ្ងន់ / ស្រាល

lourd / léger

ភាពអត់ឃ្លាន /
ការស្រេកឃ្លាន

faim / soif

ឈឺ / មានសុខភាពល្អ

malade / sain

ខុសច្បាប់ / ត្រូវច្បាប់

illégal / légal

ឆ្លាតវៃ / ឆ្កួត

intelligent / stupide

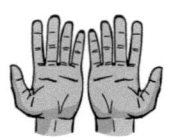

ឆ្វេង / ស្តាំ

gauche / droite

ជិត / ឆ្ងាយ

proche / loin

ថ្មី / ហានបុរេវី

nouveau / usé

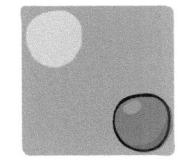

គ្មានអ្វីសោះ / អ្វីម្យួយ

rien / quelque chose

ចាស់ / ក្មេង

vieux / jeune

បើក / បិទ

marche / arrêt

បើក / បិទ

ouvert / fermé

ស្ងួងប់ស្ងួងាត់ / ពុខ្លាំង

faible / fort

មាន / ក្រ

riche / pauvre

ត្រូវ / ខុស

correct / incorrect

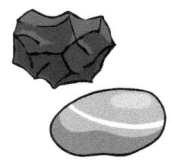

គ្រើម / រលោង

rugueux / lisse

ពិហាកចិត្ត / សប្បាយចិត្ត

triste / heureux

ខ្លី / វែង

court / long

យឺត / លឿន

lent / rapide

សើម / ស្ងួត

mouillé / sec

ក្តៅ / ត្រជាក់

chaud / froid

សង្រ្គាម / សន្តិភាព

guerre / paix

0

សូន្យ

zéro

1

មួយ

un / une

2

ពីរ

deux

3

បី

trois

4

បួន

quatre

5

ប្រាំ

cinq

6

ប្រាំមួយ

six

7

ប្រាំពីរ

sept

8

ប្រាំបី

huit

9

ប្រាំបួន

neuf

10

ដប់

dix

11

ដប់មួយ

onze

12

ដប់ពីរ

douze

13

ដប់បី

treize

14

ដប់បួន

quatorze

15

ដប់ប្រាំ

quinze

16

ដប់ប្រាំមួយ

seize

17

ដប់ប្រាំពីរ

dix-sept

18

ដប់ប្រាំបី

dix-huit

19

ដប់ប្រាំបួន

dix-neuf

20

មុភៃ

vingt

100

រយ

cent

1.000

ពាន់

mille

1.000.000

លាន

million

អង់គ្លុលសេ

anglais

អង់គ្លុលសេអាមរិក

anglais américain

ចិនកុកធ្មី

chinois mandarin

ហិណ្ឌូ

hindi

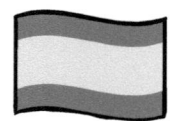

អេស្ប៉ាញ

espagnol

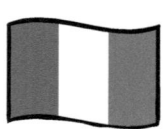

ហារាំង

français

អារ៉ាប់

arabe

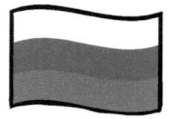

រុស្សី

russe

ព័រទុយហ្គាល់

portugais

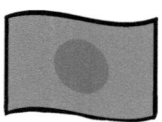

បង់ក្លាដេស

bengali

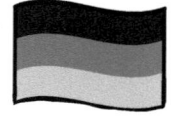

អាល្លឺម៉ង់

allemand

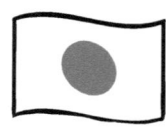

ជប៉ុន

japonais

ខ្ញុំ

je

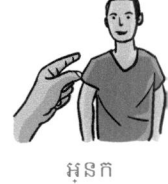

អ្នក

tu

គាត់ / នាង / វា

il / elle / ce, c', cela

យេីង

nous

អ្នក

vous

ពួកគេហាន

ils / elles

នរណា?

Qui ?

អ្វី?

Quoi ?

របៀបណា?

Comment ?

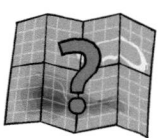

កន្លែងណា?

Où ?

ពេលណា?

Quand ?

ឈ្មោះ

nom

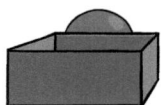

ពីក្រោយ

derrière

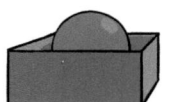

ក្នុង

dans

ពីមុខ

devant

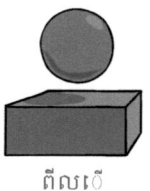

ពីលើ

au-dessus

នៅលើ

sur

នៅក្រោម

en-dessous

នៅក្បែរ

à côté de

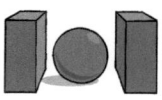

រវាង

entre

កន្លែង

lieu